DE LA

PELLAGRE OBSERVÉE A CORFOU

DE

LA PELLAGRE

OBSERVÉE A CORFOU

RAPPORT

PAR M. LE Dr LÉON RIEUX,

Secrétaire A. de la Société impériale de médecine,
Ancien interne lauréat des hôpitaux de Paris,
Membre de la Société anatomique et de la Société médicale d'observation
de Paris, lauréat du ministère de l'intérieur,
Lauréat du ministère de l'agriculture et du commerce (choléra 1849),
Membre correspondant de la Société de médecine de Chambéry,
de Genève, de la Société royale des Sciences médicales
et naturelles de Bruxelles, etc.

(*Lu à la Société impériale de médecine de Lyon.*)

PARIS
F. SAVY, LIBRAIRE,
Rue Hautefeuille, 24.

LYON
J.-P. MÉGRET, LIBRAIRE,
Quai de l'Hôpital, 57.

1868.

DE LA

PELLAGRE OBSERVÉE A CORFOU

Malgré les nombreux travaux qui ont déjà paru sur la pellagre, on est encore trop facilement porté à considérer cette grave affection comme une maladie exotique. On la trouve cependant en France, soit à l'état sporadique, soit à l'état endémique, dans plusieurs départements, et en particulier dans un grand nombre d'asiles d'aliénés. Il importe donc beaucoup de signaler à l'attention des praticiens les ouvrages de ceux qui, par leur haute position scientifique sont à même d'éclairer l'opinion médicale sur un mal qui va certainement en progressant.

C'est à ce titre que l'essai sur la pellagre observée à Corfou, par M. Prétenderis Typaldos, professeur de clinique médicale à l'Université d'Athènes, mérite une analyse toute spéciale (1).

(1) *Essai sur la pellagre observée à Corfou*, par M. Prétenderis Typaldos, professeur de clinique médicale à l'Université d'Athènes, médecin de S. M. le roi des Hellènes, etc., etc.

La pellagre, selon M. Typaldos, est une affection insidieuse, multiforme, qui, dans l'ensemble de sa marche plus ou moins chronique, attaque la plupart des grands appareils de l'économie, et détériore la constitution après avoir présenté une série de phénomènes morbides plus ou moins variés.

Ce sont, dit-il, les troubles de l'innervation, du système cutané et des organes digestifs qui apparaissent ordinairement pendant l'évolution pellagreuse.

Cette définition rapproche de suite la pellagre de Corfou de celle qu'on observe soit dans la Lombardie, soit dans les Asturies, soit dans les Landes. A Corfou, comme partout ailleurs, cette maladie, une fois confirmée, s'accompagne toujours de lésions organiques, dynamiques et fonctionnelles d'un caractère particulier, et se manifestant d'une façon souvent irrégulière.

Après une intéressante notice sur l'île de Corfou et l'historique de la pellagre, M. Typaldos donne *in extenso* dans son important travail les observations détaillées de 50 malades atteints de pellagre. Les phénomènes cutanés y sont constamment notés et exactement décrits. Sur 49 malades, 47 ont eu l'érythème dès le début de la maladie. Un seul ne l'a présenté qu'à la fin de la troisième année, et chez une autre malade, l'éruption n'avait pas encore paru au commencement de la quatrième année. La constance de ce phénomène lui donne certainement une grande valeur séméiologique.

Le siége de l'érythème a été principalement le dos des mains avec extension exceptionnelle sur les régions carpiennes, sur la poitrine, le cou, la face, la nuque, les avant-bras, le dos des pieds, enfin sur toutes les parties découvertes et exposées à l'insolation.

L'érythème a présenté :

1° Une période éruptive caractérisée par une rougeur œdemateuse, parfois phycténoïde, de la chaleur, du prurit et quelquefois de la douleur ;

2° Une période de dessiccation marquée par une coloration plus foncée de la peau devenue indolente, rugueuse et fendillée ;

3° Une période de desquamation accompagnée de la chute de l'épiderme tombant soit par petites écailles, soit par plaques, soit par poussière fine furfuracée.

Chez le plus grand nombre des malades la période de desquamation n'a pas été suivie du retour à la santé ; il y a même eu chez plusieurs répétition successive de l'exanthème et de ses variétés pendant la même période annuelle.

Chez quelques-uns aussi la peau avait subi une altération assez profonde pour mériter la dénomination de peau ansérine.

L'époque de l'apparition de l'exanthème a été notée

quarante-neuf fois sur les malades de l'île de Corfou, et on peut dire d'une manière générale que l'accident cutané pellagreux s'est principalement montré dans les mois de mars, avril et mai.

M. Typaldos reconnaît que l'influence de l'insolation a été évidente sur la production du phénomène cutané, mais il ne saurait l'invoquer comme cause unique de cette localisation de l'érythème. Il y a en effet, en dehors d'une cause interne, quelque chose qui a échappé aux recherches du savant professeur d'Athènes, et dont nous sommes heureux de trouver l'explication dans le remarquable travail de M. Bouchard sur la pellagre.

La pathogénie de l'érythème pellagreux, désigné aussi sous le nom de *mitaine pellagreuse*, à cause de son siége et de sa forme, se trouve liée à l'action spécifique des rayons de la lumière solaire.

M. Charcot, dans une note communiquée en 1858 à la Société de biologie, a étudié les divers phénomènes déterminés sur la peau de l'homme par le rayonnement de la lumière électrique. Il a pensé qu'ils n'étaient dus, ni aux rayons caloriques, ni aux rayons lumineux, mais bien aux rayons chimiques. Il a donc rapporté l'érythème solaire à l'action exclusive des rayons chimiques.

M. Perroud a été plus loin, et a appliqué cette action à la production de l'érythème pellagreux. Enfin, M. Bouchard a démontré, par des expériences rigoureuses faites sur lui-même, l'intensité d'action qu'il fallait attribuer à chacun des rayons du spectre solaire.

Ainsi, il a trouvé que la lumière violette qui est la plus riche en rayons chimiques et la plus pauvre en rayons caloriques, donnait le résultat physiologique le plus intense, tandis que la lumière rouge qui est la plus riche en calorique, mais la plus pauvre en rayons chimiques, ne produisait qu'un résultat négatif.

M. Bouchard croit donc que certains rayons de la lumière solaire, notamment les rayons chimiques de couleur violette, au lieu d'être absorbés ou réfléchis à la surface de la peau, traversent l'épiderme et portent leur action irritante jusque sur le réseau superficiel du derme.

La pellagre ferait alors perdre à l'épiderme sa propriété protectrice contre les rayons chimiques.

Cette opinion me parait très-fondée.

On comprend aisément que sur un organisme complétement épuisé, la peau altérée dans ses fonctions, puisse perdre la faculté de réagir contre l'action fâcheuse et continue des agents extérieurs.

Parmi les symptômes du système nerveux, indépendamment des vertiges, de la faiblesse générale, des crampes, des fourmillements, du tremblement, des paralysies plus ou moins complètes, la folie a été observée dix fois sur les cinquante malades. L'époque de son apparition et sa répétition ont été très-variables. Les formes de ce dérangement intellectuel ont toujours présenté comme type une tristesse extrême avec tendance à l'isolement, à l'inaction, et souvent au suicide.

L'aliénation mentale vient souvent compliquer la pellagre. Sur 130 observations de cette maladie rapportées dans la thèse de M. Harneaux fils, en 1853, on trouva 17 cas de démence. Mais, dans cette folie, y a-t-il quelque chose de spécial à la pellage, ou, en d'autres termes, existe-t-il véritablement une folie pellagreuse! Cette manière de voir, qui a été longtemps soutenue, ne saurait prévaloir aujourd'hui.

La pellagre conduit à la folie comme les autres causes graves de dépression du système nerveux, et, chose remarquable, les mêmes influences débilitantes qui ont déterminé la forme dépressive de la folie, peuvent devenir, à leur tour, dans certaines conditions, une cause de pellagre. Dans l'asile de Sainte-Gemmes, 95 malades, atteints de folie à forme dépressive, ont été affectés de pellagre, et d'après les recherches de M. Bouchard, cette affection n'a différé en rien de la pellagre endémique ou sporadique observée ailleurs. L'aliéné se trouve exposé comme les autres, et souvent plus que les autres, aux causes ordinaires de la maladie pellagreuse, et il en résulte cette particularité que la pellagre et la folie peuvent s'engendrer réciproquement et devenir tour à tour cause et effet l'une de l'autre.

L'héméralopie signalée par MM. Strambio et Marchant a été très-rarement rencontrée chez les pellagreux de l'île de Corfou.

Les différents troubles des organes digestifs pris dans leur ensemble ont été notés 47 fois ; mais la diarrhée n'a été observée que 10 fois seulement et chez d'anciens pellagreux. La rareté de ce symptôme a fait conclure avec raison à M. Typaldos que ce signe important n'a eu, chez ses malades ni la fréquence, ni la valeur qu'on lui a reconnue dans d'autres localités.

Les troubles variables du système cutané, de l'innervation et des organes digestifs que nous venons d'examiner dans l'affection pellagreuse acquièrent progressivement, s'ils ne peuvent être arrêtés par une médication tonique et réparatrice, une gravité telle que la mort en devient la conséquence fatale.

Dans l'asile d'aliénés de Sainte-Gemmes, sur 95 cas de pellagre, on compte, en effet, malgré les soins les plus intelligents et les plus dévoués, un chiffre de 37 morts.

Où trouver le siége véritable de cette cruelle maladie ! M. Typaldos ne nous éclaire pas sur cette question d'anatomie pathologique.

On a cherché la cause de la pellagre dans une myélite, dans une méningite cérébrale, dans une altération des voies digestives, mais il faut bien l'avouer, les diverses lésions qui ont été signalées n'offrent pas de signification caractéristique. Ce qu'il est permis de constater dans la majorité des cas, c'est un état de chloro-anémie très-prononcé, que M. Typaldos a eu soin de noter chez la plupart des malades.

M. Létiévant, dans un rapport fait à la Société des Sciences médicales sur le travail de M. Bouchard, pense qu'en raison de la parenté qui existe entre la folie et la pellagre, cette dernière pourrait bien être une maladie *primitive* des centres nerveux analogue à la folie, portant sur des points particuliers de ces centres; mais cette hypothèse peut être également soutenue dans le cas d'un appauvrissement extrême de la constitution. Cette lésion des centres nerveux, si elle est bien l'expression de la vérité, serait ainsi mieux interprétée à cause de la marche lente de la maladie, et ne serait plus alors primitive, mais bien consécutive.

M. Typaldos, abordant la grande question de l'étiologie de la pellagre, passe en revue, dans un long chapitre, qui peut être considéré comme la partie originale de son travail, toutes les causes qui ont été invoquées jusqu'ici.

Il n'a reconnu chez ses malades ni l'hérédité, ni la contagion. La maladie a surtout sévi chez les paysans voués aux rudes travaux agricoles et exposés à l'insolation, mais cette vie pénible n'a pu que prédisposer comme la misère, l'alimentation insuffisante, l'alcoolisme, les peines morales, à l'épuisement de l'organisme, et devenir ainsi une cause adjuvante.

La malpropreté ne saurait entrer en ligne de compte à Corfou. Au dire de M. Typaldos, les paysans, quoique pauvres, se tiennent assez proprement dans leurs habitations.

L'insolation, en donnant naissance à l'érythème vernal, ne ferait qu'imprimer à l'organisme une modalité spéciale. En effet, si le pellagreux évite l'action continue du soleil, il pourra échapper à la desquamation, mais nullement au progrès du mal.

L'influence de l'âge et du sexe a été exactement signalée. D'après la statistique de Strambio, corroborée par celle de M. Typaldos, on peut conclure que la pellagre est plus fréquente au jeune âge chez les femmes, et à l'âge adulte chez les hommes.

Relativement au sexe, sur les 50 pellagreux dont il a rapporté les observations, M. Typaldos a compté 39 femmes et 11 hommes. Cette prédominance du côté du sexe féminin doit être attribuée, selon lui, à la constitution naturellement plus faible de la femme, et aussi à l'épuisement plus rapide de ses forces par les travaux agricoles qu'elle partage avec les hommes, par les fatigues du ménage et par des privations plus souvent renouvelées.

Les influences du climat ont été nulles. L'île de Corfou possède un climat doux et tempéré. La température moyenne de l'année monte à + 19° centigrades. Pendant les fortes chaleurs de l'été, le thermomètre oscille entre

+ 30° et + 33°, et pendant l'hiver il descend rarement à zéro.

Les modifications atmosphériques ne sauraient donc être incriminées à Corfou, puisqu'il n'y existe ni humidité constante, ni extrême sécheresse. Il est même possible que ce soit à ces bonnes conditions météorologiques que ce pays doit de n'avoir pas été atteint dans des proportions plus considérables. En effet, sur 27 villages, dont la population arrive à 15,458 âmes, le nombre des pellagreux n'est monté qu'au chiffre de 81, dont 64 femmes, 16 hommes et 1 enfant. Jusqu'à présent, c'est le village de Dukades qui a eu le triste privilége de présenter le plus de malades : 19 pellagreux sur 580 âmes.

M. Typaldos trouve que les différentes causes énumérées plus haut sont insuffisantes pour produire seules la pellagre, et il cherche dans un régime alimentaire défectueux une explication plus rationnelle.

Une alimentation malsaine ou insuffisante par défaut de matières azotées prédispose à la pellagre, mais la cause essentielle, primordiale de cette affection, serait, suivant lui, l'alimentation par le maïs.

L'alimention de l'habitant de Corfou, dit M. Typaldos, est, surtout dans les mauvaises années de la récolte en huile, riche en matières végétales, mais très-pauvre en matières azotées. Il se sert de farine de maïs, d'herbages, de légumes frais ou secs assaisonnés à l'huile. Comme condiments, il emploie l'oignon, les poireaux, l'ail ; comme mets azotés, rarement du poisson salé, plus rarement de la viande. Le paysan de Corfou est en général paresseux ; riche et ivrogne quand la récolte est bonne, il est misérable, quand elle lui fait défaut. La femme préfère à une bonne alimentation le luxe des habillements et des bijoux. Aussi vivent-ils, l'un et l'autre, le plus souvent avec du pain de maïs.

Partout où l'alimentation par cette farine a pénétré, la pellagre serait survenue. En Espagne le mal de *la rosa*, décrit par Cazal, en Lombardie le mal *della miseria*, décrit par MM. Vaccari et Strambio, en France le mal de *la teste* et la pellagre décrits par Roussel, Costellat, Landouzy, Hameaux, Marchant et autres, ne constituent pour M. Typaldos, avec des mots différents, qu'une maladie identique, naissant sous l'influence de la même cause, l'alimentation par le maïs.

Corfou se trouve dans le même cas. L'île est un pays de maïs ; on y mange un pain appelé αραβοβιτος, ou barbarella, fait avec la farine de cette céréale, et formant l'aliment exclusif des pauvres. Ce pain ne doit pas être confondu avec la polenta des Italiens, bouillie à peine cuite de farine de maïs. Bien cuit et frais, le pain de Corfou se présente sous la forme d'une pâte humide sans cohésion et agréable au goût ; sec, il devient friable et plus lourd pour l'estomac.

Les 50 pellagreux de M. Typaldos ont tous eu pour alimentation principale le pain fait avec de la farine de blé de Turquie.

Le maïs de bonne qualité, c'est-à-dire celui qui bien mûr, bien desséché, suspendu à l'air dans l'intérieur des maisons, est dégrainé au moment même des besoins de la famille, ne donne que rarement la pellagre; mais celui qui n'a pas pu mûrir ou qui est mal conservé, est facilement altéré par un cryptogame connu en Italie sous le nom de verderame, et en France sous le nom de verdet. Cette maladie du maïs consiste dans le développement sous l'épisperme d'une poussière verdâtre constituée par le sporisorium reconnu par M. Robin. Ce champignon parasite se mélange avec la farine de maïs au moment de la mouture.

C'est cette altération cryptogamique qui produit, selon le professeur d'Athènes, la pellagre, sorte d'empoisonnement semblable à l'ergotisme. Voici du reste les preuves qu'il apporte à l'appui de son opinion.

De temps immémorial, les paysans de Corfou mangent de la barbarella, et ce n'est que depuis 20 ans environ que la pellagre a été observée dans ce pays. La récolte en maïs n'est has habituellement suffisante pour nourrir toute la population. Autrefois, on comblait le déficit avec les récoltes de l'Albanie, de l'Epire et de la Romagne; mais le déficit ayant été en augmentant, on s'est adressé, depuis une trentaine d'années, aux Principautés danubiennes. Or, le maïs de ces contrées a été le plus souvent reconnu avarié par le verdérame. Il arrive, en effet, à Corfou, après un voyage plus ou moins long sur mer, et il est de suite entassé dans les greniers. Ce sont ces causes d'humidité qui produisent le cryptogame parasite de cette céréale. L'extension de la pellagre à Corfou, dans ces dernières années, a, paraît-il, coïncidé avec une plus grande consommation de ce maïs exotique.

L'auteur dont nous parlons est loin de rejeter toute l'accusation sur les maïs des provinces danubiennes. Il accuse aussi ceux de Corfou, de l'Epire et de l'Albanie, qui, sous l'influence de l'humidité ou d'autres conditions mauvaises, n'ont pu, comme en 1857, arriver à une complète maturité. Quoi qu'il en soit, l'auteur de l'*Essai sur la pellagre* regarde l'alimentation par le maïs et surtout par celui atteint de verdérame, comme la cause pellagrifère par excellence. Telle est aussi l'opinion de Balardini, Roussel, Costallat, Tardieu et autres médecins distingués.

Plusieurs objections peuvent être faites à cette interprétation, qui ne me paraît pas être l'expression exacte de la vérité. M. Typaldos est-il bien sûr d'abord que la pellagre n'ait pas existé avant l'époque peu reculée qu'il indique? Ne peut-il pas n'y avoir eu qu'une simple coïncidence de date? Ce qu'il pourrait affirmer avec plus de certitude, c'est que cette affection n'a été bien observée et bien reconnue à Corfou que depuis une trentaine d'années. Il est permis de faire ces suppositions quand on voit, dans les Landes, la pellagre n'être vraiment admise comme entité morbide par les médecins de la localité, que lorsque

M. Léon Marchant en eut montré trois mille cas. L'érythème du dos des mains avait été envisagé jusque-là comme un accident naturel lié aux travaux des champs. Les autres symptômes avaient été méconnus. Malgré le concours de circonstances militant en faveur de l'opinion de M. Typaldos, il n'est pas du tout démontré que la pellagre se soit développée à Corfou juste à l'époque des premiers achats de maïs dans les Principautés danubiennes.

Une autre objection à laquelle il me semble difficile de répondre est la suivante. Il est prouvé par des faits incontestables que des malades atteints de pellagre n'avaient jamais fait usage de la farine de maïs dans leur alimentation.

MM. Billod et Bouchard ont affirmé que jamais le blé de Turquie n'était entré dans l'alimentation des aliénés de Sainte-Gemmes, et cependant il y a eu 95 cas de pellagre observés dans l'asile de Maine-et-Loire, et, sur ce chiffre, 37 morts.

D'un autre côté, la nourriture avec les farines de châtaigne, de millet, de seigle, semble produire la pellagre tout aussi bien que le blé de Turquie.

La Commission chargée d'examiner les conclusions de M. Balardini au Congrès scientifique de Naples, en 1844, s'exprime ainsi : « Les habitants du val qui se nourrissent presque exclusivement de châtaignes sont les plus atteints par la pellagre ; au contraire, les paysans de la province montagneuse de Biello, qui se nourrissent presque exclusivement de blé de Turquie, sont exempts de cette maladie (1). »

Les paysans de la Bresse mangent beaucoup de maïs, et chez eux la pellagre est inconnue. Notons aussi que dans le Piémont, où la farine de maïs est très-répandue, la pellagre est très-rare dans la classe aisée.

En Hongrie, la population ne mange jamais de maïs, et cependant, selon le professeur Sigmund, de Vienne, la pellagre y existe à l'état endémique.

Voilà donc une série de faits négatifs et positifs en opposition flagrante avec la théorie de M. Typaldos.

Dans l'intérêt de l'humanité, il serait à désirer que M. Typaldos eût raison, car alors, avec un décret gouvernemental supprimant l'usage du maïs dans l'alimentation, on triompherait de la pellagre. Malheureusement ce mal a des racines plus profondes et qui n'ont pu être extirpées jusqu'ici ni par la puissance des gouvernements, ni par la volonté et la charité de tous. Ce mal, c'est la misère, inhérente parfois aux conditions fâcheuses du sol, inhérente parfois aussi aux conditions de faiblesse de la nature humaine.

La misère joue donc un rôle important dans la genèse

(1) *Recherches nouvelles sur la pellagre*, par M. Bouchard, interne des hôpitaux de Lyon, 1864.

de la pellagre. Un observateur des plus distingués, M. Landoury, a seul relaté quelques faits de pellagre survenue chez des gens se nourrissant convenablement, mais ces cas sont rares, isolés et peuvent très-bien trouver leur explication dans une autre cause grave d'épuisement de l'économie, telle qu'une lésion organique ou des accidents latents de syphilis constitutionnelle.

Je le répète, tous les pellagreux observés jusqu'ici, à part quelques exceptions peu nombreuses, étaient misérables ou vivaient comme des gens misérables, et par le mot misérables, je désigne principalement ceux qui, riches ou pauvres, ont une alimentation insuffisante, soit par qualité, soit par quantité.

M. Diday, dans la discussion qui a suivi la lecture du travail de M. Bouchard, a défini avec raison la misère : tout ce qui peut causer ou entretenir le défaut ou l'insuffisance de la réparation organique.

Je donne actuellement des soins à un pellagreux non marié qui se trouve dans ce cas, et qui, malgré des appointements de 1,200 francs, se nourrit, non par économie, mais par indifférence, absolument comme s'il était dénué de toutes ressources.

Ce malade ayant été ces jours derniers l'objet d'un examen approfondi de la part de deux de nos collègues les plus compétents, MM. Arthaud et Diday, qui ont confirmé mon diagnostic, je crois devoir donner place ici à son intéressante observation (1).

Le nommé M... (François), demeurant à la Mulatière, travaillant depuis l'âge de 17 ans au chemin de fer du Bourbonnais en qualité de voiturier, est chargé de conduire sur un petit tronçon de voie ferrée détachée de la ligne principale des wagons vides ou pleins de charbon.

Cet employé, d'une constitution vigoureuse, d'un tempérament bilioso-nerveux, a toujours eu une nourriture débilitante, consistant surtout en soupes de choux prises à des heures irrégulières, en légumes, en fruits et en fromages. Le dimanche seulement il mange un morceau de bœuf bouilli. Il boit du vin et quelquefois des liqueurs. Le maïs n'est jamais entré dans son alimentation.

Depuis 9 ans environ, il est atteint chaque année, pendant le mois de mai ou de juin, d'un érythème œdémateux, d'une coloration rouge-brun, d'une durée de 4 à 5 semaines et ayant son siége sur le dos de la main gauche. Pendant ce laps de temps, la peau du dos de la main passe par trois phases différentes : l'éruption, la dessiccation et la desquamation. L'érythème a toujours été limité au dos de la main, et s'est arrêté juste à la partie du poignet cachée par l'habillement, de manière à simuler une mitaine.

(1) J'ai présenté ce malade à la Société de médecine dans la séance du 6 juillet 1868.

Rien du reste sur la face palmaire, sur le visage, sur le corps. Le dos des pieds qui, pendant quelque temps, était exposé au soleil, a été pris d'un érythème vernal qui a cessé de paraître dès que le malade s'est mis à porter des bottes.

Après la période de desquamation, la peau devient insensiblement lisse, rosée, plus consistante, et pendant tout l'hiver, elle ne diffère en rien de celle des parties voisines.

Depuis trois ans, la main droite a été atteinte aussi de la même affection érythémateuse que la gauche, avec cette particularité que cette dernière était la première affectée et aussi la première guérie.

Pendant les six premières années, cet état de maladie n'a été accompagné que de céphalalgie et de perte d'appétit, et je n'ai eu à noter aucun changement dans les habitudes de cet employé. Mais depuis deux ans, le mal a fait des progrès. Déjà l'année dernière, l'érythème double vernal a eu une durée plus longue et a été suivi d'une faiblesse générale, de perte d'appétit, de diarrhée et d'amaigrissement.

Cette année, l'érythème a paru dès les premiers jours de mai. Il a occupé comme précédemment la face dorsale des deux mains. La période éruptive a été un peu douloureuse, et a été compliquée de quelques phlyctènes. Elle a duré beaucoup plus longtemps puisque le travail de dessiccation n'a commencé que vers le 10 juin seulement, et que dans ce moment, c'est-à-dire le 1er juillet, le malade est encore en pleine desquamation.

Pendant cet intervalle de deux mois, M... a été beaucoup plus fatigué que l'année précédente. Il a été pris chaque matin de vertiges, d'étourdissements. De temps à autre, il a éprouvé, pendant le jour seulement, dans les jambes et dans les articulations des faiblesses telles qu'il était obligé de s'arrêter et de s'asseoir (1). De plus, sa langue a été constamment couverte de sillons, et il a été fréquemment tourmenté par une diarrhée rebelle. Il a maigri considérablement, et cet homme qui était il y a six ans, très-robuste, se trouve aujourd'hui sans force et sans courage. Les nuits ne sont pas toujours bonnes. Il est souvent agité par des rêves pénibles. Sa gaîté ordinaire a fait place à de la tristesse. « Cela ne va pas, me disait-il, quand je le rencontrais, je n'ai plus d'appétit, plus de force, plus de courage, et la tête me tourne à chaque instant. Si je ne prenais pas le matin une goutte d'arquebuse, je serais obligé de cesser mon service. »

En ce moment la desquamation s'achève, et déjà le malade commence à reprendre un peu d'espoir ; mais je remarque depuis deux ans un changement grave dans son état général, et je crains bien qu'au printemps prochain M... ne soit plus en état de continuer son service, au moins pendant les mois de mai et de juin.

(1) Ce malade est tombé le lendemain du jour où je l'ai présenté à la Société de médecine, et s'est fait une entorse du pied droit.

C'est donc un nouveau cas de pellagre sporadique à ajouter à ceux déjà observés à Lyon.

Si on examine les conditions dans lesquelles s'est trouvé ce malade, on reconnaît qu'elles sont essentiellement favorables à la genèse de la pellagre. Ainsi, depuis trente-six ans, il se trouve exposé à une insolation continue, puisque du matin au soir il fait traîner lentement par des chevaux des wagons pleins de charbon. De plus, son alimentation est tout à fait défectueuse; elle pèche par la qualité, c'est-à-dire par le défaut de matières azotées, et par la quantité, puisque travaillant toute la journée, il aurait besoin d'une nourriture plus abondante que d'habitude.

Pour apprécier le degré de suffisance ou d'insuffisance de l'alimentation, il est nécessaire de faire entrer en ligne de compte le travail ou l'inactivité. Ainsi M... qui se croit à tort suffisamment nourri, le serait peut-être assez, même avec cette alimentation défectueuse, s'il n'épuisait pas ses forces par des fatigues journalières.

Il est bien à regretter que M. Typaldos n'ait pas eu connaissance du travail de M. Bouchard sur la maladie qui nous occupe. Cette lacune ne peut évidemment être imputée qu'à la grande distance qui sépare Athènes de Lyon, car le célèbre médecin d'Athènes ne saurait être soupçonné d'un oubli volontaire pour se ménager une thèse plus facile. Sa haute position scientifique et sociale, l'ardeur scientifique qu'il montre dans ses ouvrages, notamment dans celui que nous analysons, où il cite tous les auteurs nationaux et étrangers qui ont écrit sur la pellagre, seraient là au besoin pour protester contre une pareille supposition. Mais cet oubli n'en est pas moins fâcheux, car si la lecture des documents considérables publiés par M. Bouchard cinq ans avant l'ouvrage de M. Typaldos, n'eût rien appris à ce dernier sous le rapport de la symptomatologie et des phases de la maladie pellagreuse si bien décrites dans son livre, elle eût probablement modifié son opinion sur l'étiologie.

Si M. Typaldos n'a pas, selon moi, prouvé que l'alimentation exclusive par le maïs sain ou altéré contenait un élément toxique, il a du moins rendu un notable service en appelant sérieusement l'attention sur les dangers de ce mode d'alimentation.

La nourriture exclusive par la farine de maïs peut conduire à des conséquences désastreuses.

La chimie organique ne nous apprend-elle pas, en effet, que les céréales qui entrent dans l'alimentation sont plus ou moins estimées suivant qu'elles renferment une quantité plus ou moins considérable de matières azotées, et que sous le rapport de l'albumine et de la fibrine végétales, le maïs occupe un rang bien inférieur au froment, et que le seigle, le millet, la châtaigne viennent encore après le maïs.

Si donc le blé de Turquie, en parfait état de maturité et de conservation, est déjà une substance peu susceptible d'entretenir la vie, elle le sera bien moins encore si elle vient à être altérée par un cryptogame, et c'est cette perte à peu près complète de la puissance nutritive du maïs atteint de verdérame qui a fait admettre dans ces cas l'existence d'un principe toxique.

Je n'ai pas observé assez de pellagreux pour avoir la prétention de m'établir juge sur un pareil sujet,et trancher une question qui appartient encore à l'avenir; mais, s'il était bien acquis à la science que la farine du maïs altéré renfermât un élément toxique ; comme, d'autre part,plusieurs autres farines de qualité inférieure et exclusivement absorbées comme nourriture semblent produire aussi la pellagre, il serait plus logique de chercher la cause de la maladie, non-seulement dans une altération cryptogamique du maïs, mais bien de toutes les céréales pauvres en matières azotées. Mais, jusqu'à de nouvelles preuves plus décisives, je crois que l'alimentation *exclusive* par le maïs sain ou altéré ne renferme pas en elle-même l'élément pathogénique de la pellagre, mais qu'elle prédispose grandement l'organisme à contracter cette maladie en le plaçant dans un état de prostration extrême. Cette alimentation, non toxique mais insuffisante, comme celle par le millet, le seigle, la châtaigne, le sorgho, etc., finit par produire à la longue une altération du sang et consécutivement aussi une altération des fonctions de la peau.

Dans ces conditions prédisposantes, l'insolation prolongée développe l'érythème pellagreux. Celui-ci réagit à son tour sur les fonctions du tube digestif, et c'est ainsi que les symptômes vont en s'aggravant lentement, mais fatalement.

Pourquoi, maintenant, nos ouvriers agricoles, qui sont loin d'avoir une riche nourriture, et qui sont constamment exposés à l'insolation, ne contractent-ils pas plus souvent la maladie? Il faut reconnaître que leur alimentation par le maïs, le seigle, le millet, est, en général, accompagnée de vin, de lait, de beurre, d'œufs, de pommes de terre, et rarement, mais quelquefois cependant, de viande. Il faut tenir compte également du degré d'aptitude et de prédisposition constitutionnelles, peut-être aussi d'un élément encore inconnu. Mais il importe de faire remarquer que les Landais qui, par avarice, et les habitants de Corfou qui, par insouciance, se privent de tous ces accessoires devenus de première nécessité, sont atteints par la maladie dans de grandes proportions.

Le traitement doit varier nécessairement suivant l'époque plus ou moins avancée de l'affection.

Si la pellagre est à son début, il faut, d'après M. Typaldos et la plupart des médecins, la traiter pendant l'accès annuel selon les indications spéciales à chaque cas.

Après la cessation de l'accès, il est urgent de prescrire un excellent régime pour toute l'année, ou du moins pendant les mois hivernaux, dans le but de faire avorter l'accès prochain. La continuation d'un traitement tonique et surtout d'une bonne hygiène mettra certainement le malade à l'abri de cette terrible affection.

Relativement à la pellagre avancée, les résultats thérapeutiques sont très-douteux, et, selon l'opinion de quelques auteurs, la mort devient probable.

En résumé, laissant à part les réflexions que je me suis permises et que je soumets à l'appréciation de la Société, je m'empresse de déclarer que l'*Essai*, de M. Typaldos, *sur la pellagre de l'île de Corfou*, est, malgré son titre modeste, une œuvre sérieuse, bien conçue et pleine de riches détails. C'est, en un mot, ainsi que l'a fait remarquer M. Bouillaud en présentant ce livre à l'Académie de médecine, une monographie complète, non-seulement de la pellagre observée à Corfou, mais encore de la pellagre en général.

Le savant professeur d'Athènes n'en est pas, du reste, à son premier essai, car il a déjà fait paraître en grec moderne différents ouvrages parmi lesquels on peut citer : une épidémie de choléra à Corfou et à Céphalonie, un Mémoire sur l'aphasie, un Mémoire sur le goître exophthalmique, des articles sur l'albuminurie, les convulsions épileptiformes par congestion cérébrale, enfin, un travail sur la dégénérescence graisseuse aiguë du foie, du cœur et des reins.

De plus, son mérite personnel lui a valu, en dehors de nombreux titres honorifiques, la double faveur d'être actuellement le président de la Société de médecine d'Athènes et le médecin de S. M. le roi des Hellènes.

La Société impériale de médecine de Lyon aurait donc à la fois honneur et profit à accorder à M. Prétenderis Typaldos le titre de membre correspondant qu'il sollicite.

www.ingramcontent.com/pod-product-compliance
Lightning Source LLC
LaVergne TN
LVHW010306230826
846091LV00007BB/2731

9782013381970